AF250825

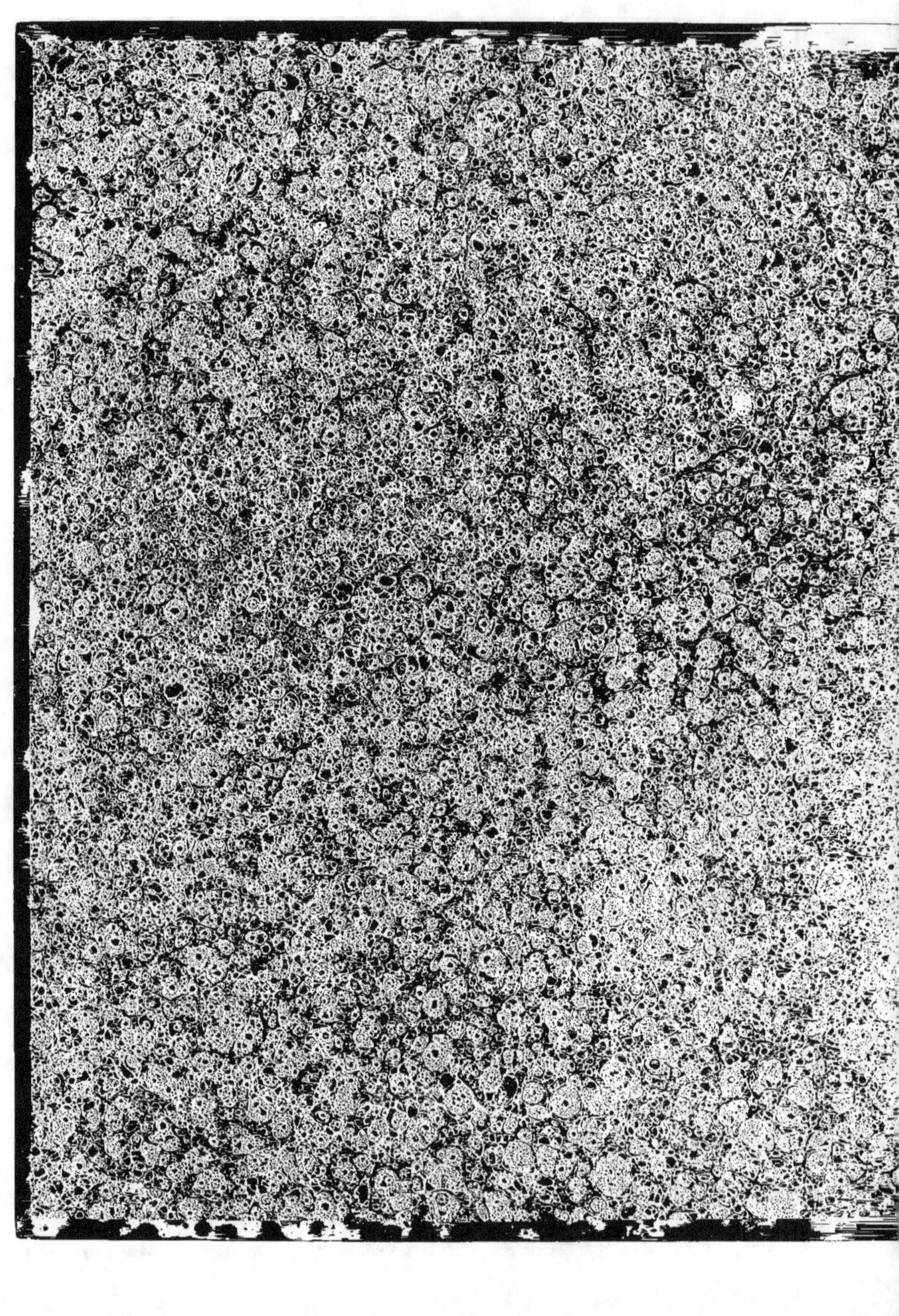

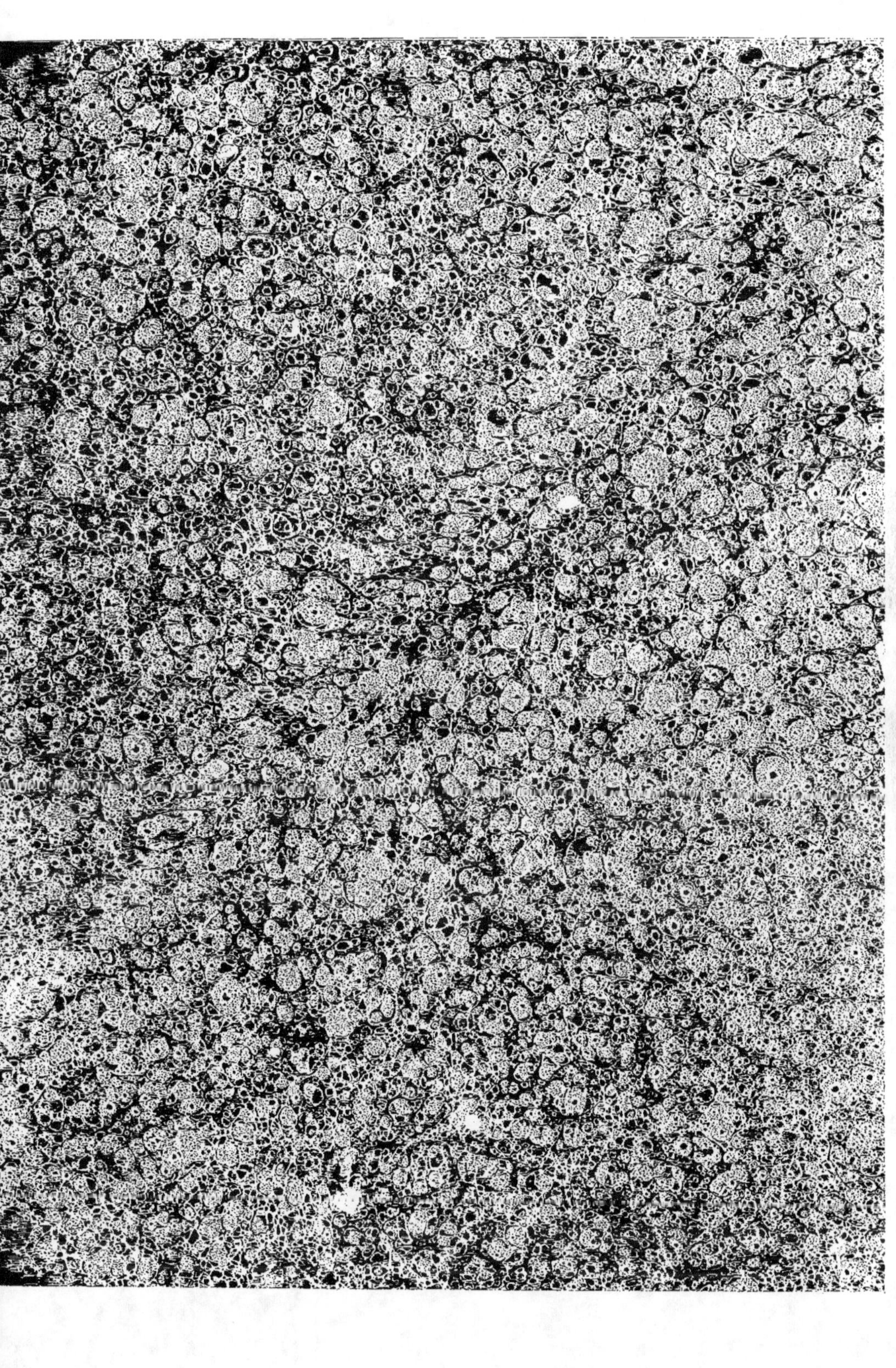

ART
de Tracer
les Cartes Géographiques,
D'APRÈS
les nouvelles découvertes avec tous les principes et
les développements nécessaires
PAR
C.R.
Avec les 6 cartes et les explications que
contient cet ouvrage, les élèves pourront d'eux-mêmes tracer
quelque carte que ce soit.
LITHOGRAPHIE
de
DECOMBES
à
Chauffailles,
Saône & Loire
1842

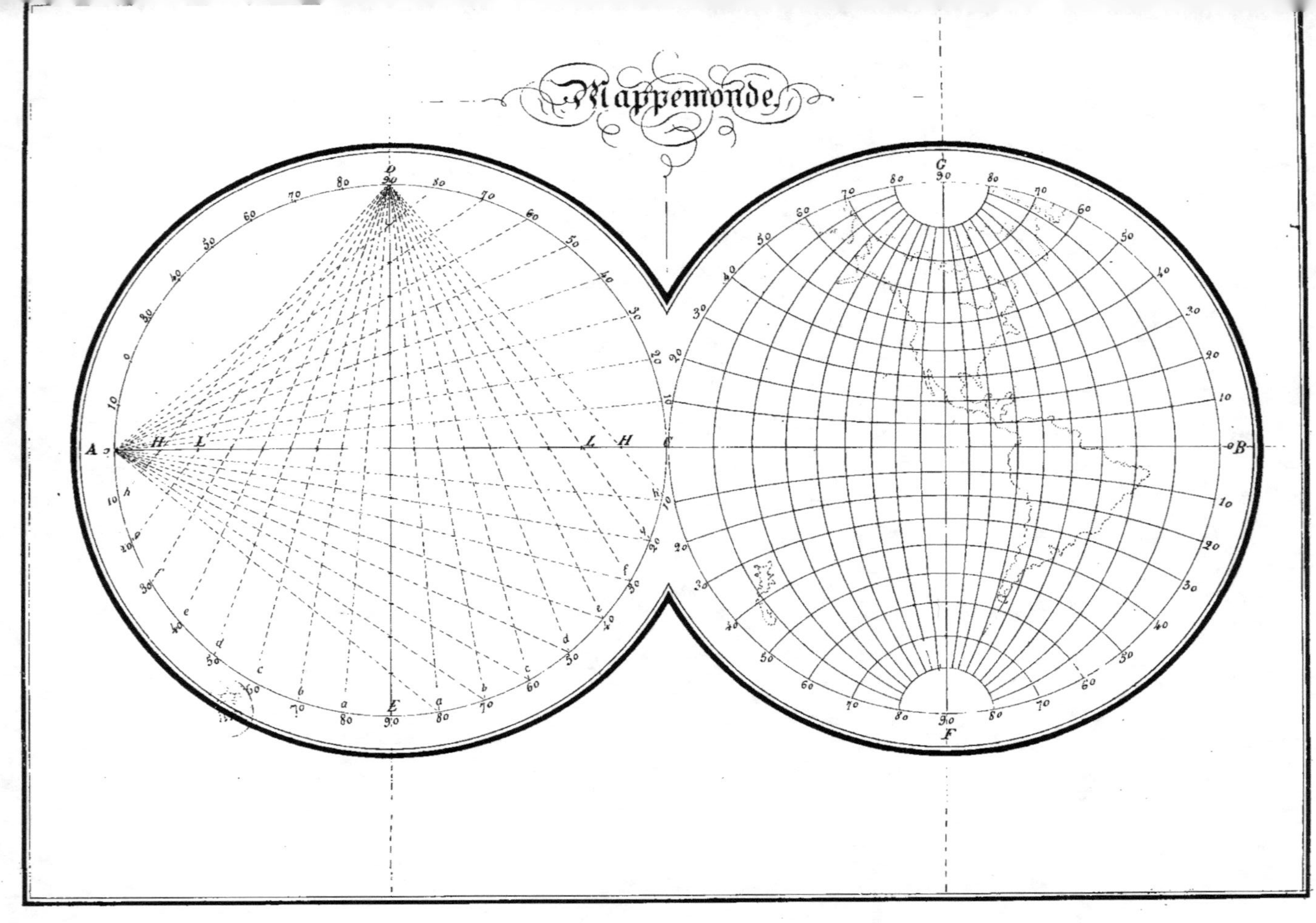

Mappemonde

Mappemonde

Ayant tiré une ligne indéterminée A.B. laquelle représente l'équateur, il faut décrire deux circonférences de la grandeur que l'on veut, et qui se touchent au point C. Ensuite il faut tirer deux lignes DEFG passant par les centres des deux circonférences et perpendiculaires à AB. lesquelles représentent l'axe de la Sphère. Cela fait, on partage ces deux circonférences en 36 parties égales, chacune de dix degrés, qui font en tout 360: division du cercle. Pour opérer plus facilement, on divise l'arc E.C. en neuf parties égales E a.b c.d.e f.g.h. C qui répétées tout autour font 36 comme on le voit dans cette carte. De tous les points de division qui sont contenus dans la demi-circonférence AEC et du point D. il faut couper la ligne à AC comme on le voit dans l'hémisphère occidentale. Et de tous les points qui sont contenus dans la demi-circonférence ECD, et du point A je coupe la ligne ED comme on vient de le faire sur AC. Après ces diverses opérations vous tirez vos parallèles et vos méridiens avec un compas ou au moyen d'une règle flexible passant par les points DHE,D LE, que vous avez marqués sur les lignes AC pour les parallèles vous cherchez sur la ligne DE,GF le centre des lignes a.i.a, et b j b, ainsi de suite, aboutissant à tous les points que vous avez marqués autour de vos circonférences.

Pour plus grande intelligence on a marqué les points sur l'hémisphère occidentale et les cercles sont tracés sur l'hémisphère orientale, passant par les mêmes points que vous voyez indiqués dans la première.

Les pays tracés sur les cartes, ne sont pas pour principes, mais seulement pour faire comprendre à l'élève, la manière de les décrire.

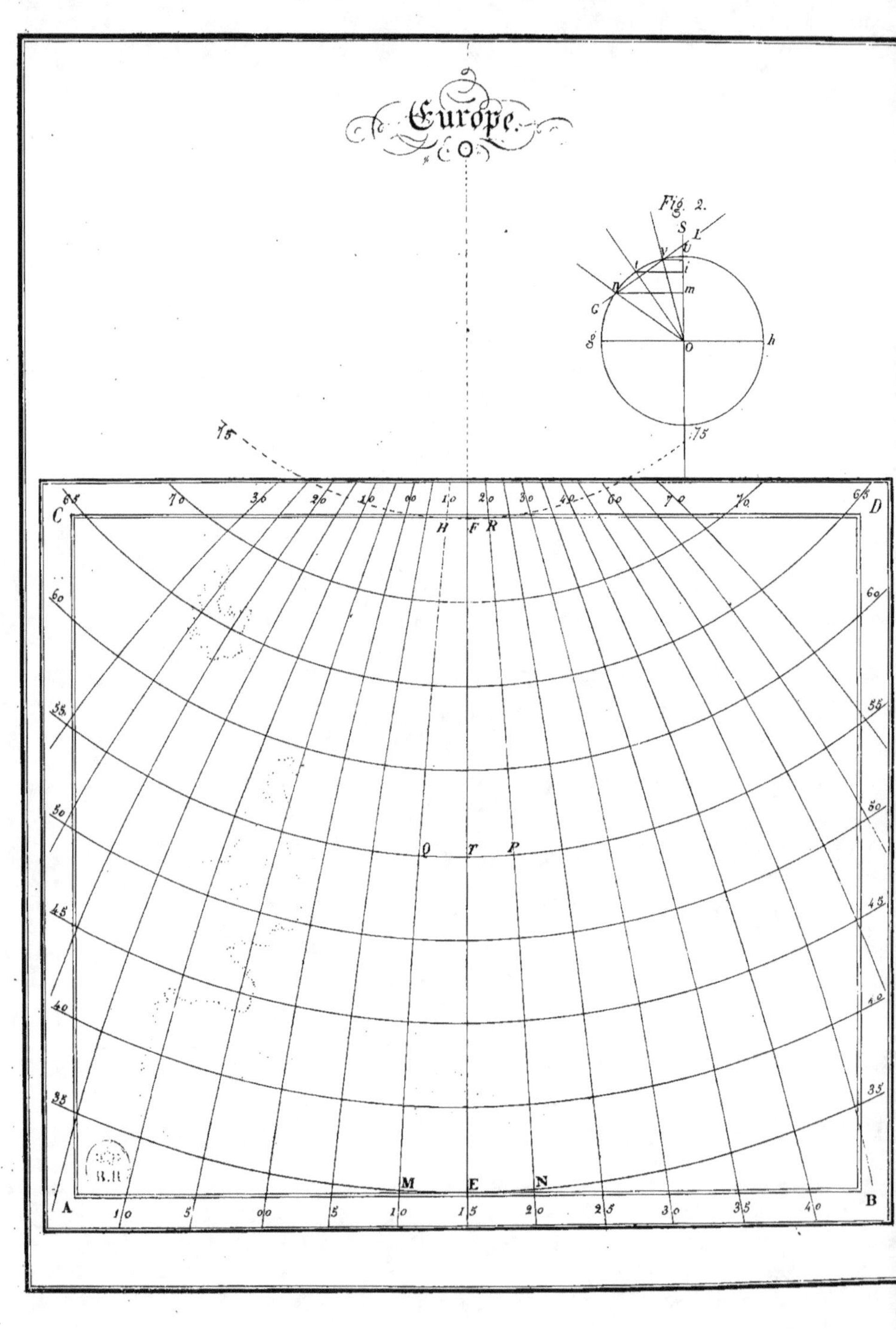

Europe
Fig. 2.
S L
v y
t i
n m
G
g O h
75
75
C 65 70 30 20 10 00 10 20 30 40 50 70 70 65 D
H F R
60 60
55 55
50 50
Q r P
45 45
40 40
35 35
B.R.
M E N
A 10 5 00 5 10 15 20 25 30 35 40 B

Europe

Construisez un rectangle quelconque ABCD élevez sur la ligne AB la perpendiculaire EF que vous considererez comme méridien de construction de votre carte. Examinez sur le globe ou sur une carte quelle est l'étendue de l'Europe: vous trouverez qu'elle s'étend du 35ème degré nord au 75ème ce qui lui donne 40 degrés d'étendue. Partagez votre méridien EF en 8 parties égales chacune de 5 degrés. Prenez une de ces divisions et comme rayon décrivez la circonférence (Fig. 2). Vous considererez g. h. comme équateur. Sur le milieu de g. h. élevez la perpendiculaire O S laquelle vous represente le méridien du globe. Prenez ensuite un rapporteur et faites l'angle g. O. n. de 35 degrés latitude sud de l'Europe et un autre de 75, g. O. v. latitude nord Partagez l'angle n. O. v. en deux, r. du point v. menez v x., t i., n. m., parallè^s à g. h. Portez la distance n. m. de E. en N. et en M. de votre carte, t, i. de T. en P et Q et v x. de F. en R. et en H. Tirez ensuite vos longitudes avec une règle flexible passant par les points N. P. R. et M Q H. ainsi de suite.

Mais avant cela il faut tracer vos parallèles, pour en avoir le centre il faut tirer par les points n. v. la ligne G. L qui coupe l'axe O. S. en U; vous ferez ensuite cette proportion $\begin{cases} 0,0065 : 0,133 :: 0,0033 : x \\ m\, x : EF :: XU : F\odot \end{cases}$ qui donne pour cette carte $0^o 7^l 0^c$ pour réponse que vous portez de F en $\odot$.

Pour ne point embrouiller l'élève qui commence, on se servira autant qu'il sera possible du même procédé et des mêmes lettres d'indication.

On peut donner 2 ou 3 degrés à la projection d'une carte pour qu'elle soit plus intelligible.

Asie.

Construisez un rectangle de la grandeur que vous voudrez
ABCD, élevez sur la ligne AB. La perpendiculaire EF que vous
considérerez comme méridien de votre carte. Rappelez-vous
que l'Asie s'étend de l'équateur au 80e degré nord ce qui lui
donne 80 degrés d'étendue. Partagez votre ligne EF en 8 ou
en 16 parties égales : si vous la partagez en 8, vos divisions
seront de 10 degrés chacune, et si vous le partagez en 16, elles ne
seront que de 5. On doit se régler sur la grandeur du papier sur le
quel on la trace. Ensuite, prenez une de ces divisions de votre mérid^{en}
et comme rayon décrivez la circonf^{ce} (Fig. 2) Vous considérerez $g.h$
comme Équateur et sur le milieu de $g.h$ élevez la perp^{re} OS qui
vous représente le méridien de la sphère. Prenez ensuite un rappor
teur, faites l'angle $g\,o.v.$ de 80 degrés. latitude nord de l'Asie.
Partagez ensuite cet angle en deux, r, du point $v.$ menez $v\,x$ et $t\,i$
parallèles à $g.h.$ portez $g\,0$, de E en N et en M, et $t.i.$ de T en P et Q et
$v\,x$ de F en R et en H, tirez ensuite vos longitudes au moyen d'une
règle pliante passant par les points, NPR et MQH, ainsi de suite.

Pour avoir le centre de toutes vos parallèles, tirez par les points
$g\,v.$ (Fig. 2), la ligne GL, qui coupe OS en U, faites ensuite cette propor^{tion}
$$0,0165 : 0,135 :: 0,004 : x \qquad OX : EF :: XU : x\,F\odot$$
qui donne pour $F\odot$ 0,033 ; de sorte que vous prenez
sur un décimètre double ou sur une échelle que vous
aurez faite, trente trois millim^{es} que vous porterez de F en $\odot$, pour cette carte,
quant à celles que vous ferez, vous aurez plus ou moins suivant la grandeur
Vous pouvez aussi l'obtenir en portant EZ de F en $\odot$ qui vous donne le même centre.

Nous ne donnerons pas de méthode pour la carte d'Amérique septentrionale
parcequ'elle peut se tracer de même que celle de l'Asie.

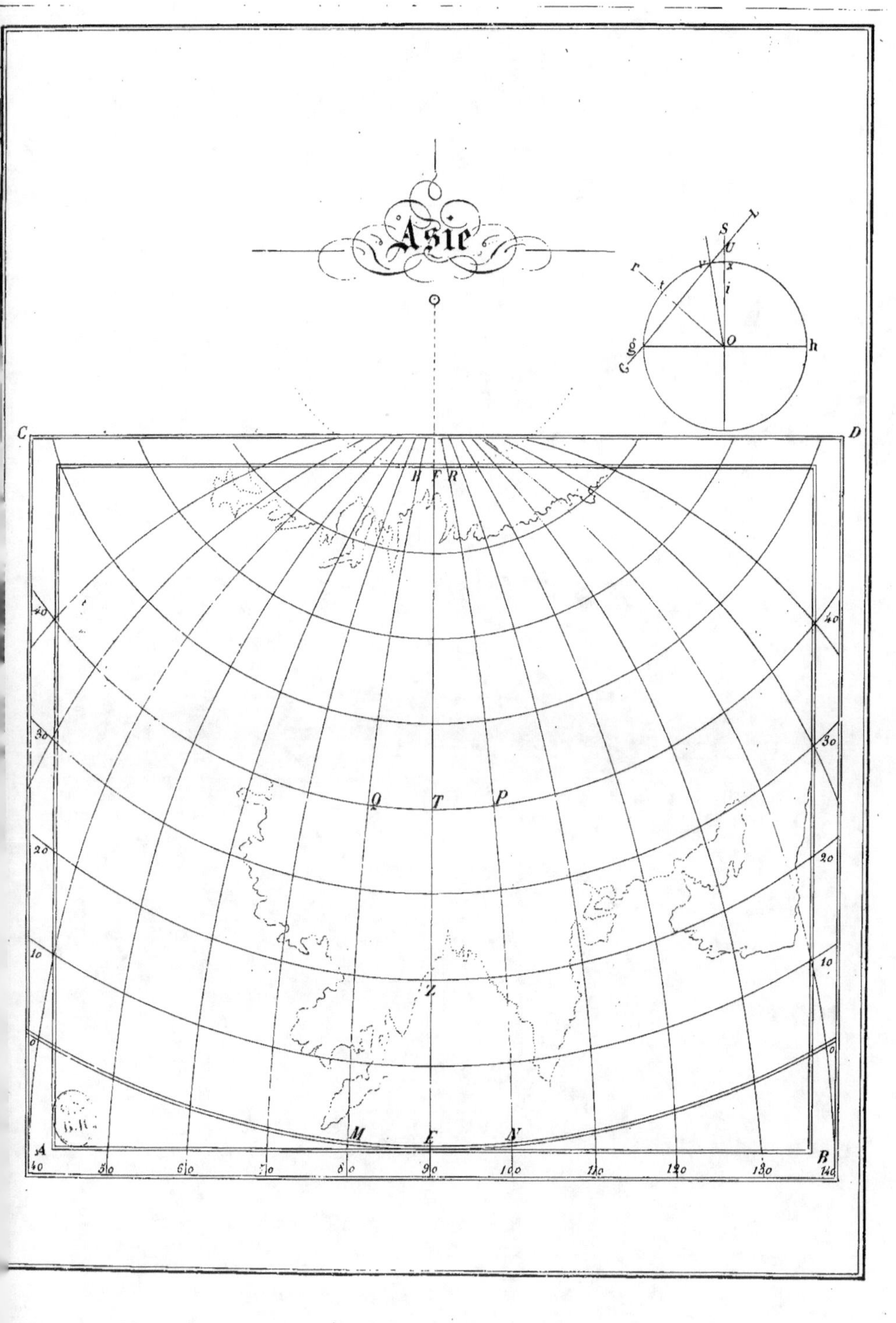

Asie
C
D
A
B
40
50
60
70
80
90
100
110
120
130
140
40
30
20
10
0
40
30
20
10
0

Ayant construit un rectangle de la grandeur que l'on veut $ABCD$, et l'ayant partagé en deux par la ligne EF le méridien de votre carte. Vous examinez l'étendue de l'Océanie, vous verrez qu'elle s'étend du 10ème degré de l'hémisphère septentrionale, au 50ème de l'hémisphère méridionale, ce qui lui donne 60 degrés d'étendue. Partagez votre méridien EF en 6 parties égales chacune de 10 degrés. Prenez une de ces divisions et comme rayon décrivez la circonférence (Fig. 2.)

Vous considérerez $g\,h$ comme équateur; sur le milieu de $g\,h$ élevez la perpendiculaire OS qui vous représente le méridien du globe, faites l'angle $g\,O\,n$ de 10 degrés latitude nord de l'Océanie, et un autre de $g\,O\,m$ de 50 latitude sud. Menez ensuite $n\,v.\ m\,x.$ parallèles à $g\,h.$ Portez $g\,O$ de T en P et Q, et $n\,v$ de F en R et en H et $m\,x$ de E en N et en M ainsi de suite. Après cela tirez vos longitudes au moyen d'une règle flexible passant par les points $N\,P\,R$, $M\,Q\,H$, et ainsi de suite. — . Quant aux parallèles, tirez les droites avec l'équateur ainsi que vous l'avez fait sur la carte d'Afrique.

Je ne donne point de méthode pour l'Amérique méridianale, c'est le même tracé que celle ci.

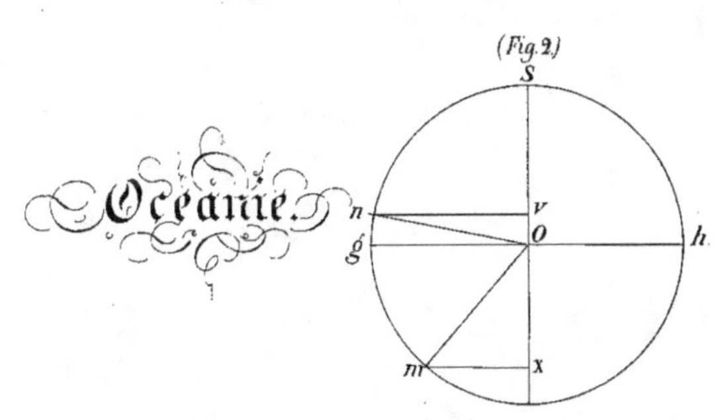
Oceanie.
(Fig. 2)
S
n
g
v
O
h
m
x

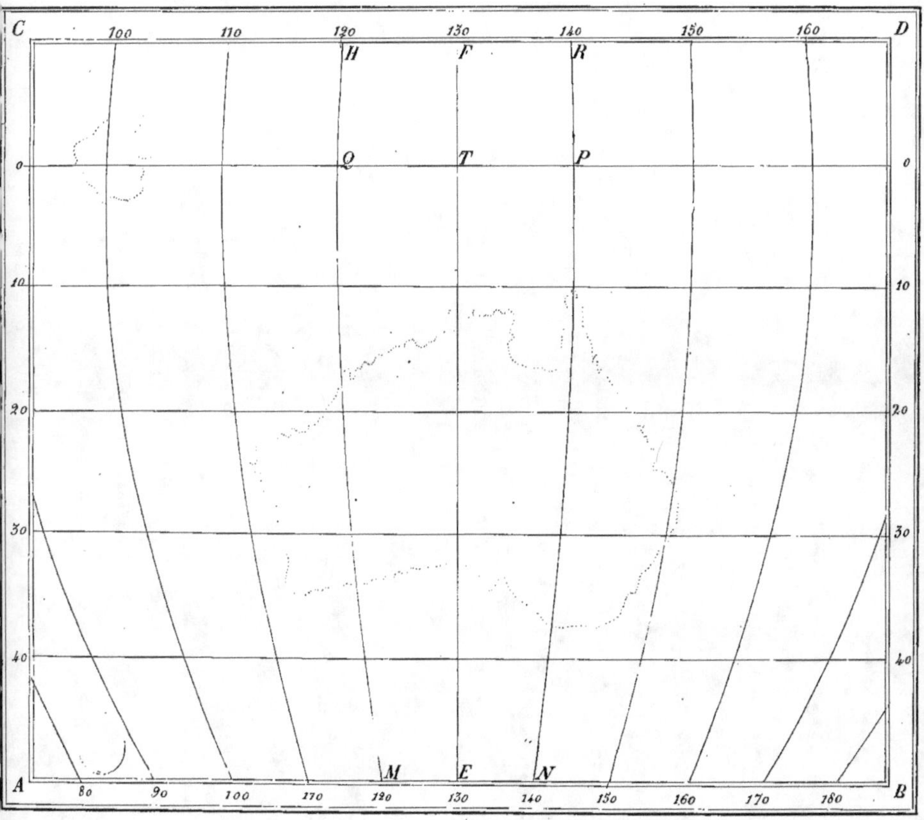

Ayant construit un rectangle $ABCD$, comme vous l'avez fait pour les cartes précédentes, vous élèverez sur la ligne AB la perpendiculaire EF qui figure comme méridien de construction de votre carte, et après avoir examiné sur le globe ou sur la carte quelle est l'étendue de l'Afrique, vous trouvez qu'elle s'étend du 40ᵉᵐᵉ degré de l'hémisphère septentrionale au 40ᵉᵐᵉ de l'hémisphère méridionale, ce qui lui donne 80 degrés d'étendue. Vous partagerez le méridien EF, en 8 ou 16 parties égales, comme vous l'avez fait sur celle de l'Asie. Si vous le partagez en 8, vos divisions seront de 10 degrés, et si vous le partagez en 16 elles ne seront que de 5. Prenez une de ces divisions et comme rayon décrivez la circonférence (Fig. 2.) vous considérerez $g\,h$ comme équateur, et sur le milieu de $g\,h$ élevez la perpendiculaire $O\,S$, qui vous représente le méridien de la Sphère. Prenez un rapporteur et construisez l'angle $g\,o\,n$ d $g\,O\,m$. de 40 degrés chacun, parceque l'Afrique s'étend comme vous l'avez vu plus haut, du 40ᵉᵐᵉ degré de l'hémisphère sept.ᵗᵉ au 40ᵉᵐᵉ de l'hémisphère méridionale. Menez les lignes $n\,v$. $m\,x$. parallèles à $g\,h$. Portez ensuite $n\,v$ de E en R et en H, et $g\,O$ de T en P et Q. et $m\,x$. de E en N et en M. Tirez ensuite vos longitudes au moyen d'une règle flexible passant par les points NPR et MQH ainsi de suite.

Quant aux latitudes vous les tirez parallèles à l'équateur passant par les points de division de votre méridien EF; de sorte que toutes les cartes qui sont partagées par l'équateur, les parallèles doivent être tirées dans le même sens que lui.

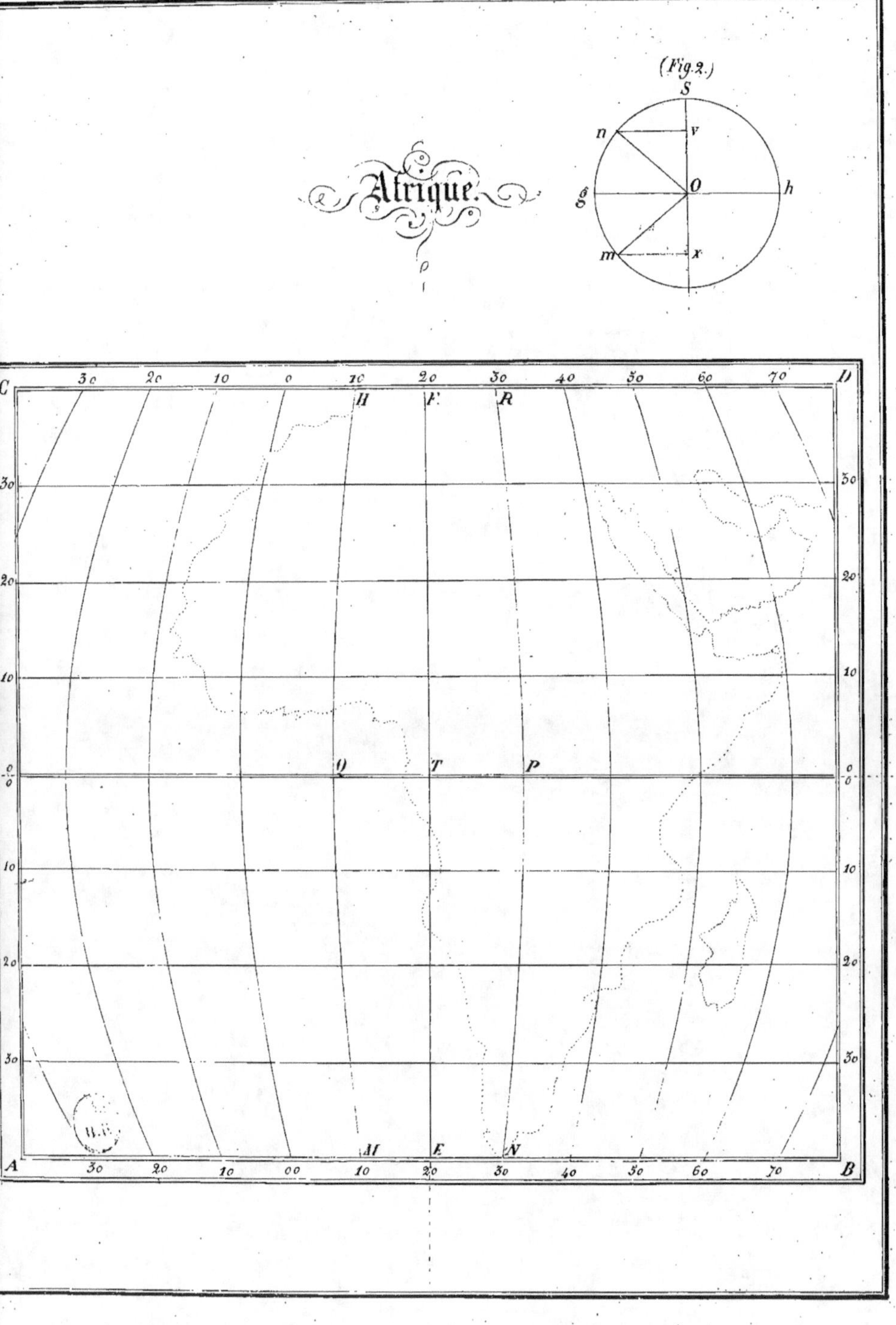

Atrique.
(Fig.2.)
S
n v
g O h
m x
C 30 20 10 0 10 20 30 40 50 60 70 D
H F R
30 30
20 20
10 10
O T P
0 0
10 10
20 20
30 30
H E N
A 30 20 10 00 10 20 30 40 50 60 70 B

France.

Votre rectangle étant tracé ABCD, et l'ayant partagé en deux par le méridien de construction EF. Connaissant la latitude de la France, qui est de 9 degrés, partagez le méridien EF en 9 parties égales, prenez une des divions, et, comme rayon décrivez la circonf^{ce} (Fig.2), faites l'angle g o l de 42 degrés latitude sud de la France, et un autre de 51 . g o v. latitude nord: Vous aurez t.i. que vous porterez de E en N et en M, et v x de F en R et en H, tirez ensuite vos longitudes en lignes droites, car la courbure est trop petite pour s'en servir.

Pour les parallèles donnez-leur un 1/3 de degré de courbure, c'est à dire prenez EL, et le portez de B en T et de A en U, tirez ensuite la ligne passant par les points TEU, et sans déranger votre règle, continuez jusqu'au haut de votre carte.

En général pour toutes les cartes à construire, après avoir tracé le rectangle de la grandeur que vous voudrez, et l'avoir partagé en deux par le méridien de construct.^{on} cherchez sur le globe ou sur la carte, que vous voulez faire, quelle en soit l'étendue c'est à dire la latitude. Connaissant le nombre de degrés: partagez le méridien de manière que vos divisions soient toujours de 10, de 5 ou de 1 degré pour la France, ainsi que pour toutes les cartes particulières d'états, la distance est de 1 degré.

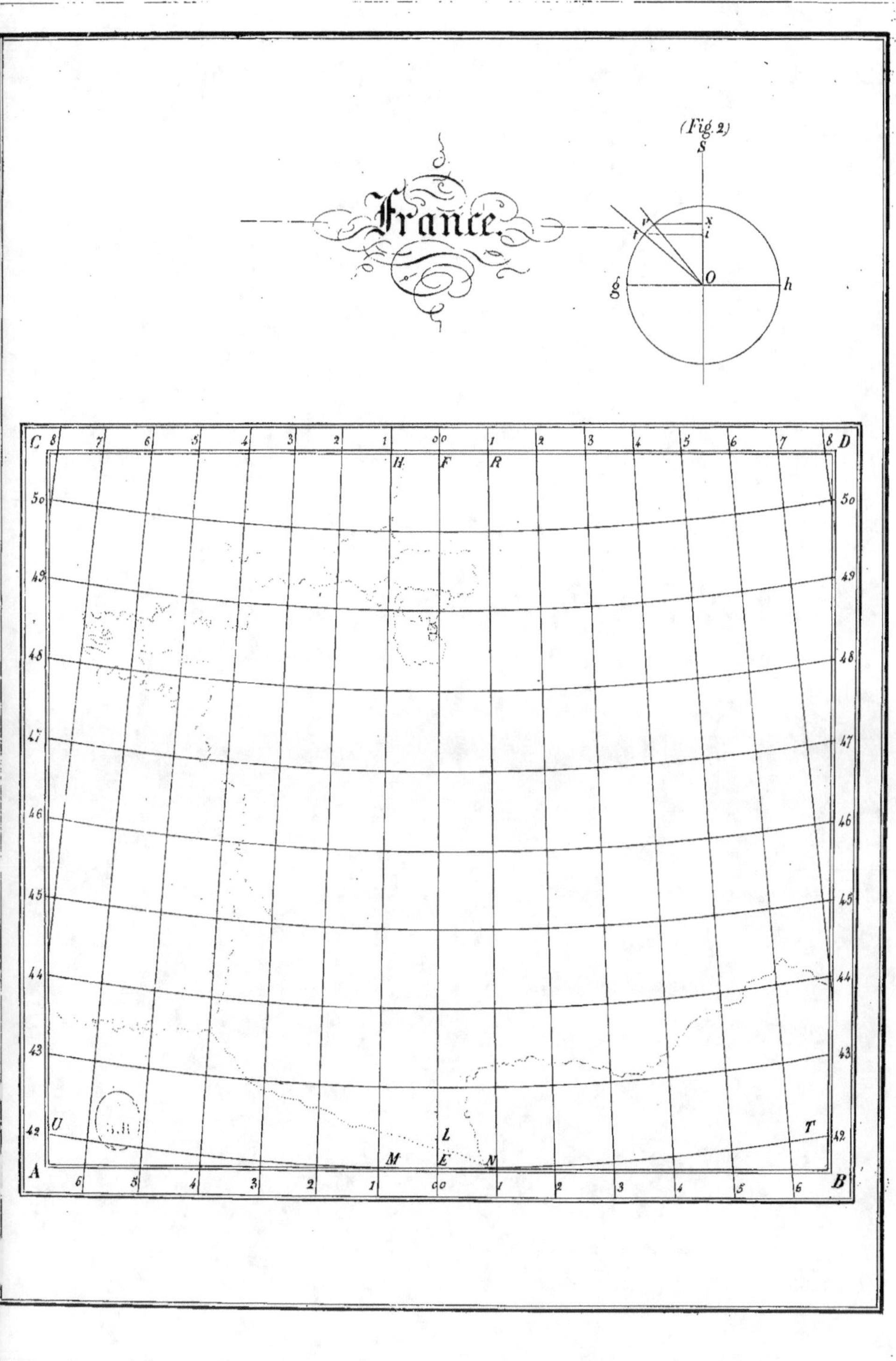

France.
(Fig. 2)
S
v
t
x
i
g
O
h

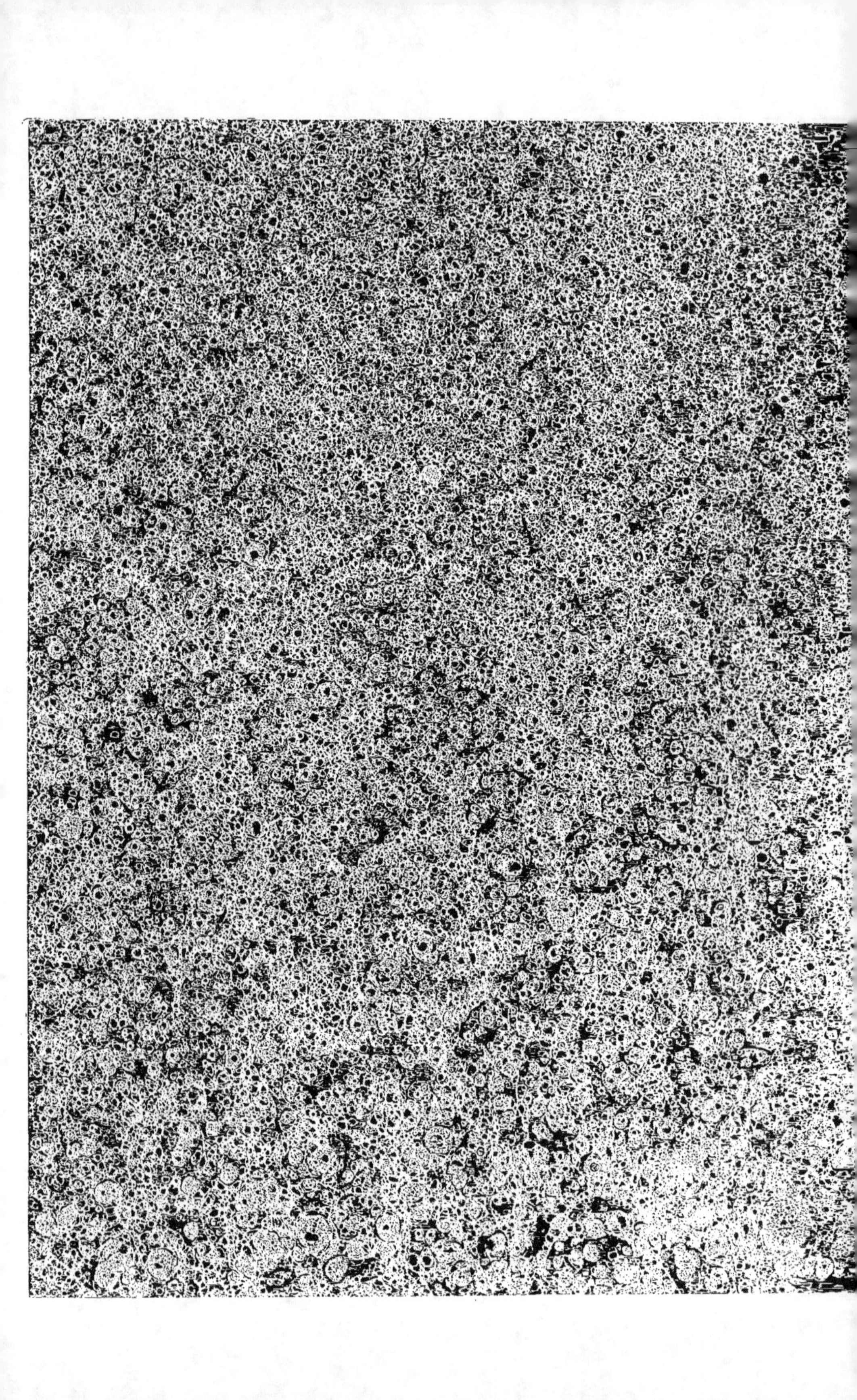

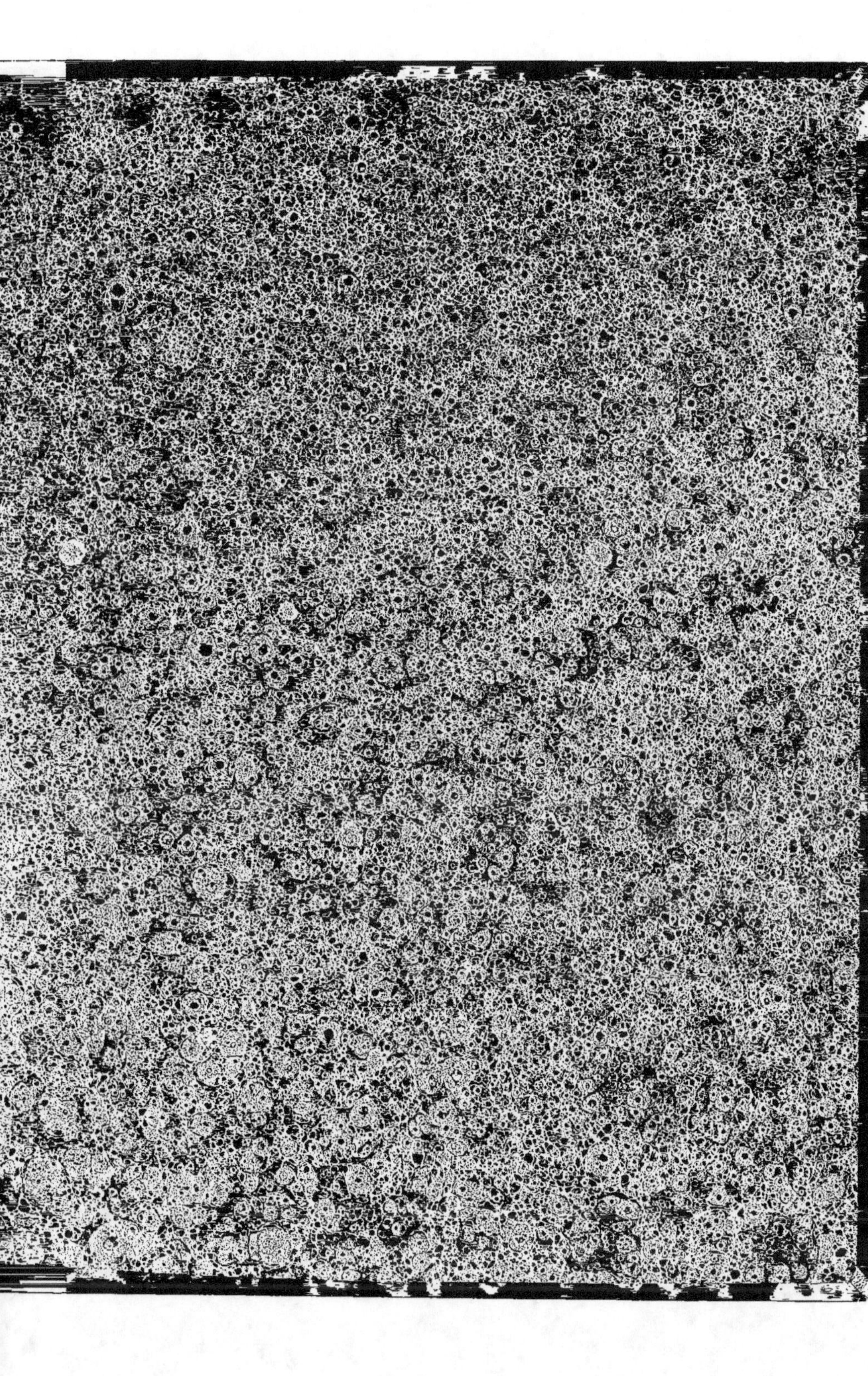